Organismos productores

Grace Hansen

LA CIENCIA BÁSICA:
LA ECOLOGÍA

Abdo Kids Jumbo es una subdivisión de Abdo Kids
abdobooks.com

abdobooks.com

Published by Abdo Kids, a division of ABDO, P.O. Box 398166, Minneapolis, Minnesota 55439.
Copyright © 2021 by Abdo Consulting Group, Inc. International copyrights reserved in all countries.
No part of this book may be reproduced in any form without written permission from the publisher.
Abdo Kids Jumbo™ is a trademark and logo of Abdo Kids.

Printed in the United States of America, North Mankato, Minnesota.

102020

012021

Spanish Translator: Maria Puchol

Photo Credits: iStock, Science Source, Shutterstock

Production Contributors: Teddy Borth, Jennie Forsberg, Grace Hansen
Design Contributors: Dorothy Toth, Pakou Moua

Library of Congress Control Number: 2020930752

Publisher's Cataloging-in-Publication Data

Names: Hansen, Grace, author.

Title: Organismos productores/ by Grace Hansen;

Other title: Producers. Spanish

Description: Minneapolis, Minnesota: Abdo Kids, 2021. | Series: La ciencia básica: la ecología | Includes
    online resources and index.

Identifiers: ISBN 9781098204365 (lib.bdg.) | ISBN 9781098205348 (ebook)

Subjects: LCSH: Plants, Edible--Juvenile literature. | Photosynthesis--Juvenile literature. | Food webs
    (Ecology)--Juvenile literature. | Ecology--Juvenile literature. | Spanish language materials--Juvenile
    literature.

Classification: DDC 577.16--dc23

Contenido

¿Qué es un
organismo productor? 4

La fotosíntesis 10

Los organismos productores
en la cadena alimenticia 18

¡A repasar! 22

Glosario 23

Índice 24

Código Abdo Kids 24

¿Qué es un organismo productor?

Todos los seres vivos necesitan energía para crecer y sobrevivir. Los animales y los humanos se alimentan para obtener energía. En la cadena alimenticia, se les conoce como consumidores.

Las plantas también son seres vivos pero no tienen boca para ingerir alimentos.

7

En la cadena alimenticia, a las plantas se las conoce como organismos productores porque producen su propio alimento. Esto lo hacen a través del proceso llamado **fotosíntesis**.

luz solar

azúcar y oxígeno

dióxido de carbono

agua

9

La fotosíntesis

La luz del Sol es una forma de energía. Las plantas capturan la luz solar. **Convierten** esa energía en azúcares.

El azúcar es alimento para las plantas. Lo usan para crecer y mantenerse fuertes.

Los organismos productores ayudan en todos los **ecosistemas**. Lo hacen aportando energía y oxígeno.

Incluso las plantas que crecen bajo el agua son organismos productores. Aportan oxígeno al agua. Esas plantas son **refugio** para los peces y alimento para otros animales.

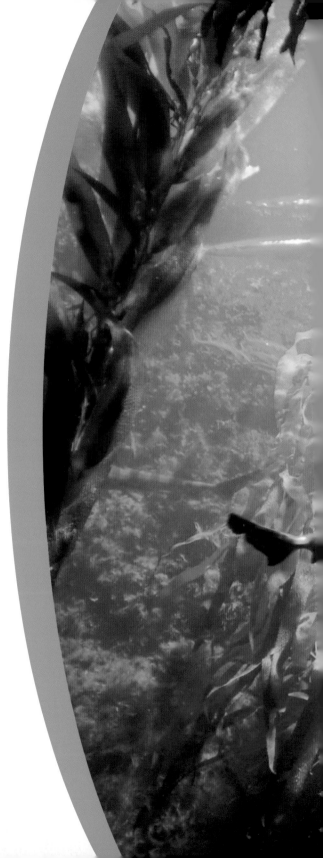

Los organismos productores en la cadena alimenticia

Todos los consumidores obtienen la energía de los organismos productores. Esto puede ocurrir de manera directa o indirecta. Muchos animales solamente comen plantas para obtener energía. Los caballos, los koalas y los perritos de las praderas son herbívoros.

Algunos animales comen plantas y carne. Y otros, solamente comen carne. Así es como fluye la energía a través de una cadena alimenticia. Comenzando siempre con la luz del Sol y las plantas.

¡A repasar!

- Todos los seres vivos necesitan energía para sobrevivir.

- Las plantas son seres vivos. Obtienen energía elaborando su propio alimento. Lo consiguen usando luz solar, agua y dióxido de carbono para obtener azúcar.

- El proceso de las plantas de elaborar su propio alimento se llama **fotosíntesis**.

- En la cadena alimenticia, a las plantas se las conoce como organismos productores porque producen su propia comida. También son alimento para otros animales.

- Los productores también producen y emiten oxígeno. El oxígeno pasa al aire y al agua. Los humanos y los animales respiran este oxígeno.

Glosario

convertir - transformar en otra forma o estado.

ecosistema - comunidad de seres vivos en conjunto con su entorno.

fotosíntesis - proceso por el cual una planta usa luz solar para transformar agua y dióxido de carbono en alimento para ella.

refugio - lugar o estructura que ofrece protección contra el clima u otros peligros.

23

Índice

alimentación 4, 8, 12, 16, 18, 20

cadena alimenticia 4, 8

carnívoros 20

consumidores 4, 18

fotosíntesis 8, 10

herbívoros 18

omnívoros 20

oxígeno 14, 16

plantas acuáticas 16

refugio 16

sol 10, 20

Abdo Kids
ONLINE
FREE! ONLINE MULTIMEDIA RESOURCES

¡Visita nuestra página **abdokids.com** para tener acceso a juegos, manualidades, videos y mucho más!

Los recursos de internet están en inglés.

Usa este código Abdo Kids

BPK8978

¡o escanea este código QR!

24